Aventuras Bilingues: Contos em Inglês e Português para Crianças

Artici Kids

Published by Artici Kids, 2024.

While every precaution has been taken in the preparation of this book, the publisher assumes no responsibility for errors or omissions, or for damages resulting from the use of the information contained herein.

AVENTURAS BILINGUES: CONTOS EM INGLÊS E PORTUGUÊS PARA CRIANÇAS

First edition. June 13, 2024.

Copyright © 2024 Artici Kids.

ISBN: 979-8224966417

Written by Artici Kids.

Table of Contents

Maisie and the Magnificent Mermaid

Once upon a time, in a quaint seaside village called Little Nook, there lived a cheeky, clever girl named Maisie. Maisie was nine years old and had a heart full of adventure. She spent her days exploring the rocky shores, always hoping to discover something extraordinary. Little did she know, today was the day her wish would come true.

One sunny morning, as Maisie was skipping stones into the sparkling sea, she noticed something shimmering under the water near the old pier. Curiosity piqued, she crept closer and peered into the depths. To her astonishment, she saw a beautiful mermaid with scales that glistened like precious gems in the sunlight.

The mermaid, sensing Maisie's gaze, looked up and smiled. Her eyes were as blue as the ocean itself, and her hair flowed around her like a golden waterfall. Maisie, her mouth agape, could hardly believe her eyes.

"Hello," the mermaid said, her voice as sweet as a song. "My name is Marissa. What's yours?"

"Maisie," she replied, still in awe. "Are you... really a mermaid?"

Marissa giggled, a sound like tinkling bells. "Indeed I am. And I have a bit of a problem. You see, I'm lost and can't find my way back to my home in the Coral Kingdom."

Maisie's heart swelled with sympathy. She had always wanted to meet a mermaid, and now that she had, she was determined to help her new friend.

"Don't worry, Marissa," Maisie said confidently. "I'll help you find your way back. But first, tell me everything about your home."

Marissa's eyes sparkled with joy as she described the Coral Kingdom. It was a magical place filled with vibrant coral reefs, schools of fish that danced like rainbows, and underwater gardens where the seaweed swayed in rhythm with the currents. The mermaid's tales enchanted Maisie, filling her with a sense of wonder and excitement.

"But how will we find your way back?" Maisie asked.

Marissa thought for a moment. "There's an old legend that says if you follow the singing starfish, they will guide you to where you need to go."

Maisie's eyes widened. She had heard stories about the singing starfish from her gran, who always said they appeared when someone needed help the most.

"Let's go find those starfish!" Maisie declared, filled with determination.

Together, Maisie and Marissa set off on their quest. They waded through the shallows and swam into the deeper parts of the bay. Maisie, who had learned to swim before she could even walk, moved gracefully through the water, her red hair trailing behind her like a fiery comet.

As they ventured further, they came across a patch of seaweed that seemed to move of its own accord. Marissa smiled and explained that it was a special kind of seaweed that only grew near the singing starfish.

Excitedly, they followed the trail until they reached a hidden cove. There, on a cluster of rocks, were the starfish. They were unlike any Maisie had ever seen. They glowed with a soft, ethereal light and hummed a gentle, melodious tune.

"Hello, starfish," Marissa said, her voice filled with reverence. "We need your help to find the Coral Kingdom."

The starfish stopped their singing and turned towards Marissa. One of them, slightly larger than the others, spoke in a voice that resonated like a harp's strings. "We can guide you, but you must follow closely and listen to our song."

Maisie and Marissa nodded eagerly. The starfish began to sing again, their melody more intricate and beautiful than before. The two friends followed the sound, which seemed to weave a path through the water.

As they swam, the sea around them transformed. The water grew warmer, and the colors became more vibrant. Fish of all shapes and sizes swam by, their scales shimmering like jewels. Maisie felt as if she had stepped into one of her gran's stories.

After what felt like both an eternity and just a moment, they arrived at a grand underwater palace made of coral and seashells. It was the Coral Kingdom, more magnificent than anything Maisie could have ever imagined.

"Thank you, Maisie," Marissa said, her eyes shining with gratitude. "You've helped me find my way home. How can I ever repay you?"

Maisie smiled. "Just knowing you're safe and happy is enough for me."

Marissa hugged Maisie tightly. "You'll always be welcome here in the Coral Kingdom. Come visit any time you want."

With a final wave, Maisie watched as Marissa swam into the palace. The starfish sang a farewell tune, guiding Maisie back to the shore.

As Maisie climbed out of the water, she felt a sense of contentment wash over her. She had made a new friend and experienced a true adventure. She knew she would return to the Coral Kingdom someday, but for now, she had stories to tell and dreams to dream.

And so, Maisie walked back to Little Nook, her heart light and her spirit filled with wonder, ready for whatever adventure came next.

Maisie e a Magnífica Sereia

Era uma vez, em uma pitoresca vila à beira-mar chamada Pequeno Canto, vivia uma menina travessa e esperta chamada Maisie. Maisie tinha nove anos e um coração cheio de aventura. Passava seus dias explorando as margens rochosas, sempre na esperança de descobrir algo extraordinário. Mal sabia ela que hoje seria o dia em que seu desejo se realizaria.

Uma ensolarada manhã, enquanto Maisie pulava pedras no mar cintilante, ela notou algo brilhando sob a água perto do antigo cais. Curiosa, ela se aproximou sorrateiramente e espiou nas profundezas. Para sua surpresa, viu uma bela sereia com escamas que brilhavam como gemas preciosas sob a luz do sol.

A sereia, percebendo o olhar de Maisie, olhou para cima e sorriu. Seus olhos eram azuis como o próprio oceano, e seus cabelos fluíam ao redor dela como uma cascata dourada. Maisie, de boca aberta, mal podia acreditar no que via.

"Olá," disse a sereia, com sua voz doce como uma canção. "Meu nome é Marissa. E o seu?"

"Maisie," respondeu ela, ainda em êxtase. "Você... é realmente uma sereia?"

Marissa riu, um som como sinos tilintantes. "Certamente sou. E estou com um pequeno problema. Estou perdida e não consigo encontrar o caminho de volta para minha casa no Reino do Coral."

O coração de Maisie se encheu de simpatia. Ela sempre quis conhecer uma sereia, e agora que tinha encontrado uma, estava determinada a ajudar sua nova amiga.

"Não se preocupe, Marissa," disse Maisie confiante. "Vou te ajudar a encontrar o caminho de volta. Mas primeiro, me conte tudo sobre sua casa."

Os olhos de Marissa brilharam de alegria enquanto ela descrevia o Reino do Coral. Era um lugar mágico cheio de recifes de coral vibrantes, cardumes de peixes que dançavam como arco-íris e jardins subaquáticos onde as algas balançavam no ritmo das correntezas. Os contos da sereia encantaram Maisie, enchendo-a de admiração e emoção.

"Mas como vamos encontrar o caminho de volta?" perguntou Maisie.

Marissa pensou por um momento. "Existe uma antiga lenda que diz que se você seguir as estrelas-do-mar cantoras, elas vão te guiar para onde você precisa ir."

Os olhos de Maisie se arregalaram. Ela tinha ouvido histórias sobre as estrelas-do-mar cantoras de sua avó, que sempre dizia que elas apareciam quando alguém mais precisava de ajuda.

"Vamos encontrar essas estrelas-do-mar!" declarou Maisie, cheia de determinação.

Juntas, Maisie e Marissa partiram em sua jornada. Elas atravessaram os bancos rasos e nadaram até as partes mais profundas da baía. Maisie, que aprendera a nadar antes mesmo de aprender a andar, se movia graciosamente pela água, seus cabelos ruivos seguindo-a como um cometa ardente.

À medida que avançavam, encontraram um banco de algas que parecia se mover por conta própria. Marissa sorriu e explicou que era um tipo especial de alga que crescia apenas perto das estrelas-do-mar cantoras.

Animadas, seguiram o rastro até chegarem a uma enseada escondida. Lá, sobre um conjunto de rochas, estavam as estrelas-do-mar. Eram diferentes de qualquer coisa que Maisie já tinha visto. Brilhavam com uma luz suave e etérea e cantavam uma melodia suave e melodiosa.

"Olá, estrelas-do-mar," disse Marissa, com sua voz cheia de reverência. "Precisamos de sua ajuda para encontrar o Reino do Coral."

As estrelas-do-mar pararam de cantar e se voltaram para Marissa. Uma delas, ligeiramente maior que as outras, falou com uma voz que ressoava como as cordas de uma harpa. "Podemos guiá-las, mas vocês devem seguir de perto e ouvir nossa canção."

Maisie e Marissa assentiram com entusiasmo. As estrelas-do-mar começaram a cantar novamente, sua melodia mais intricada e bela do que antes. As duas amigas seguiram o som, que parecia tecer um caminho pela água.

Enquanto nadavam, o mar ao redor delas se transformava. A água ficava mais quente, e as cores se tornavam mais vibrantes. Peixes de todas as formas e tamanhos nadavam por perto, suas escamas brilhando como joias. Maisie sentiu como se tivesse entrado em uma das histórias de sua avó.

Depois do que pareceu uma eternidade e apenas um momento, chegaram a um grandioso palácio subaquático feito de coral e conchas. Era o Reino do Coral, mais magnífico do que qualquer coisa que Maisie poderia ter imaginado.

"Obrigada, Maisie," disse Marissa, seus olhos brilhando de gratidão. "Você me ajudou a encontrar meu caminho de volta para casa. Como posso te recompensar?"

Maisie sorriu. "Saber que você está segura e feliz é suficiente para mim."

Marissa abraçou Maisie com força. "Você sempre será bem-vinda aqui no Reino do Coral. Venha nos visitar sempre que quiser."

Com um aceno final, Maisie observou Marissa nadar para dentro do palácio. As estrelas-do-mar cantaram uma canção de despedida, guiando Maisie de volta para a costa.

Ao sair da água, Maisie sentiu um sentimento de contentamento invadi-la. Ela tinha feito uma nova amiga e vivido uma verdadeira aventura. Sabia que um dia voltaria ao Reino do Coral, mas por agora, tinha histórias para contar e sonhos para sonhar.

E assim, Maisie voltou para Pequeno Canto, seu coração leve e seu espírito cheio de admiração, pronta para qualquer aventura que viesse a seguir.

Percy

In the icy expanse of Antarctica, where snowflakes twirled like ballerinas and the wind whispered ancient secrets, lived a pint-sized penguin named Percy. Percy was not like the other penguins in his waddle. He was smaller, with a funny little tuft of feathers that stood up on his head like a permanent bedhead. But what Percy lacked in size, he more than made up for in spirit.

Percy's home was an igloo made of crystal-clear ice blocks, nestled in a colony of thousands of penguins. The colony bustled with activity as penguins waddled to and fro, diving into the frigid waters to catch fish or sliding on their bellies across the ice. Percy loved his home, but he yearned for adventure and something more exciting than the daily routine.

One chilly morning, Percy was playing with his best friend, Pippa, a plucky penguin with a knack for mischief. They were sliding down an icy hill, racing each other to see who could go the fastest, when Percy had an idea.

"Let's build the biggest, bestest snow slide ever!" Percy declared, his eyes sparkling with excitement.

Pippa grinned. "That sounds amazing! But how will we do it?"

Percy looked around and spotted an enormous iceberg not too far from their colony. "We'll use that iceberg as the starting point. It's perfect!"

The two friends waddled over to the iceberg and started planning their grand snow slide. They gathered other young penguins from the colony, and soon a crowd had formed, all eager to help. Percy, with his infectious enthusiasm and creative ideas, quickly became the leader of the project.

They worked tirelessly for days, carving and shaping the ice, piling up snow, and smoothing out the slide. The older penguins watched with a mix of amusement and curiosity as the young ones toiled away. Percy's parents were proud of his determination and resourcefulness.

Finally, after much hard work, the snow slide was complete. It spiraled around the iceberg, gleaming in the sunlight, and ended in a grand splash into the icy waters below. Percy and Pippa stood at the top, beaming with pride.

"Ready, set, slide!" Percy shouted, and with a whoosh, they zoomed down the slide, laughing and cheering all the way.

Word of the magnificent snow slide spread quickly through the colony, and soon penguins of all ages were lining up to take their turn. It became the highlight of the winter, bringing joy and excitement to everyone.

But one evening, as Percy and Pippa were admiring their creation, they noticed something troubling. The iceberg had started to crack. The weight of the snow slide and constant activity had caused it to weaken.

"We need to fix this," Percy said, his brow furrowing with concern. "If the iceberg breaks, it could be dangerous."

Pippa nodded. "But how? We can't just take the slide down. Everyone loves it."

Percy thought for a moment, then had a brilliant idea. "We'll build supports underneath the iceberg! That way, it will stay strong, and the slide can stay too."

Gathering their friends once more, they set to work. They used chunks of ice and packed snow to create sturdy supports beneath the iceberg. It was hard work, and they had to be careful not to slip into the freezing water, but they persevered.

Finally, the supports were in place. The iceberg was steady once more, and the slide was safe. The colony celebrated Percy and Pippa's ingenuity and teamwork. Percy's parents beamed with pride, and even the elder penguins had to admit they were impressed.

From that day on, Percy was known not just as the smallest penguin with the funny tuft of feathers but as a leader and problem solver. He had shown that no matter your size, you can achieve great things with determination and a little help from your friends.

And so, life in the penguin colony continued with newfound excitement and unity, all thanks to Percy and his magnificent snow slide. Every day was an adventure, and Percy knew that with his friends by his side, there was nothing they couldn't accomplish.

Percy

No vasto expanse gelado da Antártida, onde flocos de neve rodopiavam como bailarinas e o vento sussurrava segredos antigos, vivia um pinguim miúdo chamado Percy. Percy não era como os outros pinguins de sua colônia. Ele era menor, com um penacho engraçado de penas que se erguia em sua cabeça como um permanente desalinhado. Mas o que Percy faltava em tamanho, ele compensava em espírito.

A casa de Percy era um iglu feito de blocos de gelo cristalino, aninhado em uma colônia de milhares de pinguins. A colônia era um frenesi de atividade, com pinguins caminhando de um lado para outro, mergulhando nas águas geladas para pescar ou deslizando de barriga pelo gelo. Percy adorava sua casa, mas ansiava por aventuras e algo mais emocionante do que a rotina diária.

Numa manhã fria, Percy estava brincando com sua melhor amiga, Pippa, uma pinguim destemida com um talento para travessuras. Eles estavam descendo por uma colina de gelo, competindo para ver quem chegava mais rápido, quando Percy teve uma ideia.

"Vamos construir o maior e melhor escorregador de neve de todos!" Percy declarou, seus olhos brilhando de empolgação.

Pippa sorriu. "Isso parece incrível! Mas como vamos fazer?"

Percy olhou ao redor e avistou um enorme iceberg não muito longe de sua colônia. "Vamos usar aquele iceberg como ponto de partida. É perfeito!"

Os dois amigos caminharam até o iceberg e começaram a planejar seu grande escorregador de neve. Eles reuniram outros jovens pinguins da colônia e logo uma multidão se formou, todos ansiosos para ajudar. Percy, com seu entusiasmo contagiante e ideias criativas, rapidamente se tornou o líder do projeto.

Eles trabalharam incansavelmente por dias, esculpindo e moldando o gelo, acumulando neve e alisando o escorregador. Os pinguins mais velhos observavam com uma mistura de diversão e curiosidade enquanto os jovens trabalhavam. Os pais de Percy estavam orgulhosos de sua determinação e engenhosidade.

Finalmente, após muito esforço, o escorregador de neve estava pronto. Ele serpenteava ao redor do iceberg, reluzindo ao sol, e terminava com um grande splash nas águas geladas abaixo. Percy e Pippa ficaram no topo, radiantes de orgulho.

"Prontos, preparar, deslizar!" Percy gritou, e com um zunido, eles desceram pelo escorregador, rindo e aplaudindo o tempo todo.

A notícia do magnífico escorregador de neve se espalhou rapidamente pela colônia, e logo pinguins de todas as idades estavam na fila para experimentar. Tornou-se o destaque do inverno, trazendo alegria e emoção para todos.

Mas numa noite, enquanto Percy e Pippa admiravam sua criação, eles notaram algo preocupante. O iceberg estava começando a rachar. O peso do escorregador de neve e a atividade constante estavam enfraquecendo-o.

"Precisamos consertar isso," disse Percy, franzindo a testa com preocupação. "Se o iceberg quebrar, pode ser perigoso."

Pippa assentiu. "Mas como? Não podemos simplesmente desmontar o escorregador. Todo mundo adora ele."

Percy pensou por um momento e então teve uma ideia brilhante. "Vamos construir suportes embaixo do iceberg! Assim, ele ficará forte, e o escorregador poderá permanecer."

Reunindo seus amigos mais uma vez, eles começaram a trabalhar. Usaram pedaços de gelo e neve compactada para criar suportes robustos sob o iceberg. Foi um trabalho árduo, e eles tiveram que ter cuidado para não escorregar nas águas geladas, mas perseveraram.

Finalmente, os suportes estavam no lugar. O iceberg estava firme novamente, e o escorregador estava seguro. A colônia celebrou a engenhosidade e o trabalho em equipe de Percy e Pippa. Os pais de Percy irradiavam orgulho, e até os pinguins mais velhos tiveram que admitir que estavam impressionados.

Desde então, Percy passou a ser conhecido não apenas como o menor pinguim com o engraçado tufo de penas, mas como um líder e solucionador de problemas. Ele mostrou que, não importa o tamanho, você pode alcançar grandes feitos com determinação e um pouco de ajuda dos amigos.

E assim, a vida na colônia de pinguins continuou com uma nova empolgação e união, tudo graças a Percy e seu magnífico escorregador de neve. Todos os dias eram uma aventura, e Percy sabia que com seus amigos ao seu lado, não havia nada que eles não pudessem realizar.

Charlie and the Colossal Cake Catastrophe

Once upon a time, in the bustling town of Tastyville, lived a young and exceptionally talented chef named Charlie. At only ten years old, Charlie had a remarkable gift for cooking. His parents owned a quaint little bakery called "Sweet Sensations," where the sweet scent of freshly baked bread and pastries wafted through the streets, drawing people in from miles around.

Charlie had a wild mop of brown hair, twinkling green eyes, and an infectious smile. But what set him apart was his incredible ability to create the most mouth-watering, extraordinary desserts anyone had ever tasted. He spent hours experimenting with flavors, textures, and decorations, turning simple ingredients into edible masterpieces.

One day, as Charlie was decorating a batch of cupcakes with his signature swirl of frosting, his parents rushed into the kitchen with excited expressions.

"Charlie, we have some fantastic news!" his mother exclaimed. "You've been selected to compete in the Great Tastyville Bake-Off!"

Charlie's eyes widened in amazement. The Great Tastyville Bake-Off was the most prestigious baking competition in town, and chefs of all ages dreamed of participating. Winning the

Bake-Off would not only bring glory to "Sweet Sensations" but also cement Charlie's reputation as a prodigy chef.

The competition was just a week away, and Charlie immediately began planning his showstopper. He wanted to create something that would amaze the judges and leave a lasting impression. After much thought, he decided on a colossal cake shaped like a magical castle, complete with turrets, a moat, and a drawbridge.

The next few days were a whirlwind of activity. Charlie worked tirelessly, baking layers upon layers of sponge cake, whipping up creamy fillings, and perfecting his icing techniques. His parents and the bakery staff helped gather ingredients, prepare pans, and cheer him on.

Finally, the day of the Bake-Off arrived. The Tastyville Town Hall was filled with the aroma of delicious treats, and the atmosphere buzzed with excitement. Charlie set up his station and carefully began assembling his masterpiece. As he worked, a crowd gathered to watch, mesmerized by his skill and creativity.

Just as Charlie was about to add the finishing touches, disaster struck. A clumsy competitor nearby accidentally knocked over a bowl of flour, sending a cloud of white dust into the air. Charlie coughed and waved his hands to clear the air, but in the confusion, his cake wobbled dangerously.

"No, no, no!" Charlie muttered, trying to steady the cake. But it was too late. The top layer slid off, followed by the next, until the entire cake collapsed into a heap of crumbs and frosting.

Gasps of shock and sympathy echoed through the hall. Charlie's heart sank as he stared at the ruin of his hard work. He felt tears prickling at the corners of his eyes, but he quickly blinked them away. This was no time to give up.

Taking a deep breath, Charlie rolled up his sleeves and surveyed the mess. He still had time before the judges made their rounds. Determined not to let the disaster defeat him, he thought quickly and came up with a new plan.

"Okay, everyone," he called to his parents and the bakery staff who had come to support him. "We're going to turn this disaster into something even better!"

With their help, Charlie gathered the remnants of the cake and started anew. He decided to create a giant sundae, using the cake pieces as a base, layering them with scoops of ice cream, drizzles of hot fudge, and dollops of whipped cream. He added colorful sprinkles, cherries, and even sparklers for a touch of magic.

The crowd watched in awe as Charlie transformed the catastrophe into a colossal, delectable sundae. By the time the judges reached his station, the sundae was complete, towering and gleaming like a frozen wonderland.

The judges, impressed by Charlie's ingenuity and resilience, tasted his creation. Their eyes lit up with delight as they savored the unique combination of flavors and textures. When the results were announced, Charlie was declared the winner of the Great Tastyville Bake-Off.

The hall erupted in cheers, and Charlie's parents enveloped him in a proud hug. Charlie beamed with joy, holding his trophy high. He had turned a disaster into triumph and proved that even in the face of adversity, creativity and perseverance could lead to sweet success.

From that day on, Charlie's fame as a young chef spread far and wide. "Sweet Sensations" became a beloved destination, and people came from all over to taste the creations of the boy who could turn crumbs into culinary wonders.

Charlie e a Catástrofe do Bolo Colossal

————

Era uma vez, na movimentada cidade de Tastyville, vivia um jovem e excepcionalmente talentoso chef chamado Charlie. Com apenas dez anos, Charlie tinha um dom notável para cozinhar. Seus pais eram donos de uma pequena confeitaria chamada "Sensações Doces", onde o doce aroma de pão fresco e doces recém-assados se espalhava pelas ruas, atraindo pessoas de quilômetros de distância.

Charlie tinha um emaranhado de cabelos castanhos, olhos verdes cintilantes e um sorriso contagiante. Mas o que o diferenciava era sua habilidade incrível de criar sobremesas deliciosas e extraordinárias como ninguém jamais provou. Ele passava horas experimentando sabores, texturas e decorações, transformando ingredientes simples em obras-primas comestíveis.

Um dia, enquanto Charlie decorava um lote de cupcakes com seu característico swirl de cobertura, seus pais entraram apressados na cozinha com expressões animadas.

"Charlie, temos uma notícia fantástica!" exclamou sua mãe. "Você foi selecionado para competir no Grande Concurso de Confeitaria de Tastyville!"

Os olhos de Charlie se arregalaram de espanto. O Grande Concurso de Confeitaria de Tastyville era a competição mais prestigiada da cidade, e chefs de todas as idades sonhavam em participar. Ganhar o concurso não apenas traria glória para "Sensações Doces", mas também solidificaria a reputação de Charlie como um chef prodígio.

A competição estava a apenas uma semana de distância, e Charlie imediatamente começou a planejar seu grande sucesso. Ele queria criar algo que impressionasse os juízes e deixasse uma impressão duradoura. Após muita reflexão, decidiu por um bolo colossal em forma de castelo mágico, completo com torres, um fosso e uma ponte levadiça.

Os próximos dias foram uma correria de atividades. Charlie trabalhou incansavelmente, assando camada após camada de bolo de esponja, preparando recheios cremosos e aprimorando suas técnicas de confeitaria. Seus pais e a equipe da confeitaria ajudaram a reunir ingredientes, preparar formas e torcer por ele.

Finalmente, o dia do Concurso chegou. O Salão Municipal de Tastyville estava cheio do aroma de delícias, e o ambiente vibrava de excitação. Charlie montou sua estação e começou cuidadosamente a montar sua obra-prima. Enquanto trabalhava, uma multidão se formou para assistir, hipnotizada por sua habilidade e criatividade.

Justo quando Charlie estava prestes a dar os toques finais, o desastre aconteceu. Um competidor desajeitado próximo acidentalmente derrubou uma tigela de farinha, enviando uma nuvem de pó branco pelo ar. Charlie tossiu e agitou as mãos para limpar o ar, mas na confusão, seu bolo balançou perigosamente.

"Não, não, não!" murmurou Charlie, tentando estabilizar o bolo. Mas era tarde demais. A camada superior deslizou, seguida pela próxima, até que o bolo inteiro desabou em um monte de migalhas e glacê.

Suspiros de choque e simpatia ecoaram pelo salão. O coração de Charlie afundou enquanto ele encarava a ruína de seu trabalho árduo. Lágrimas ameaçaram seus olhos, mas ele rapidamente as piscou para longe. Não era hora de desistir.

Respirando fundo, Charlie arregaçou as mangas e avaliou a bagunça. Ainda havia tempo antes que os juízes fizessem suas avaliações. Determinado a não deixar o desastre derrotá-lo, ele pensou rapidamente e elaborou um novo plano.

"Ok, pessoal," ele chamou seus pais e a equipe da confeitaria que havia vindo apoiá-lo. "Vamos transformar esse desastre em algo ainda melhor!"

Com a ajuda deles, Charlie reuniu os restos do bolo e começou de novo. Ele decidiu criar uma banana split gigante, usando os pedaços de bolo como base, cobrindo-os com bolas de sorvete, fios de calda de chocolate quente e colheradas de chantilly. Ele adicionou granulados coloridos, cerejas e até fogos de artifício para um toque de magia.

A multidão assistiu maravilhada enquanto Charlie transformava a catástrofe em uma banana split colossal e deliciosa. Quando os juízes chegaram à sua estação, a banana split estava pronta, alta e reluzente como uma terra congelada de maravilhas.

Os juízes, impressionados pela criatividade e resiliência de Charlie, provaram sua criação. Seus olhos se iluminaram de prazer enquanto saboreavam a combinação única de sabores e texturas. Quando os resultados foram anunciados, Charlie foi declarado o vencedor do Grande Concurso de Confeitaria de Tastyville.

O salão explodiu em aplausos, e os pais de Charlie o envolveram em um abraço orgulhoso. Charlie irradiava alegria, segurando seu troféu bem alto. Ele havia transformado um desastre em triunfo e provado que mesmo diante da adversidade, a criatividade e a perseverança podem levar ao sucesso doce.

A partir daquele dia, a fama de Charlie como jovem chef se espalhou longe. "Sensações Doces" tornou-se um destino amado, e pessoas de todos os lugares vinham para provar as criações do menino que transformava migalhas em maravilhas culinárias.

Monty the Mischievous Monkey and the Great Banana Heist

Once upon a time, in the heart of the bustling jungle, there lived a mischievous little monkey named Monty. Monty was no ordinary monkey; he had a wild imagination, an insatiable curiosity, and a knack for getting into trouble. With his big, round eyes and a cheeky grin that never left his face, Monty was adored by all the jungle animals, even if he often drove them bananas with his antics.

Monty lived in a cozy treetop house he had built himself, filled with all sorts of gadgets and treasures he had collected on his many adventures. His best friends were a wise old parrot named Polly and a clever squirrel named Squeaky. Together, they formed an inseparable trio, always ready for fun and excitement.

One sunny morning, as Monty was swinging through the trees, he spotted something that made his eyes sparkle with excitement. There, in the middle of the jungle clearing, was a giant pile of bananas, more than Monty had ever seen in his entire life.

"Oh, Polly! Squeaky! Come quick!" Monty called out, unable to contain his excitement.

Polly fluttered down from a high branch, and Squeaky scampered up from the forest floor. They stared in awe at the mountain of bananas.

"Where did all these bananas come from?" asked Polly, her feathers ruffling in curiosity.

"I don't know, but I'm going to find out!" Monty declared with determination.

Monty, being the curious monkey he was, decided to investigate. He climbed to the top of the banana pile and looked around. In the distance, he saw a group of humans setting up a large tent. They were the jungle explorers who often visited to study the wildlife.

"Humans! They must have brought these bananas," Monty said thoughtfully. "But why would they leave them here?"

Just then, Monty overheard one of the explorers talking. "We'll use these bananas to lure the monkeys into our traps. Once we have them, we'll take them to the big city zoo!"

Monty's heart sank. He couldn't let his jungle friends be captured and taken away. He had to do something, and fast. With a determined glint in his eye, Monty hatched a plan.

"Listen up, team," Monty said to Polly and Squeaky. "We need to move these bananas to a safe place before the humans come back. We'll call it the Great Banana Heist!"

Polly squawked in agreement, and Squeaky chattered excitedly. They set to work immediately. Monty climbed the tallest trees and rigged up a series of ropes and pulleys, while Polly and Squeaky gathered all the jungle animals to help.

The jungle came alive with activity. Elephants used their trunks to lift huge bunches of bananas, birds carried smaller ones in their beaks, and even the ants formed long lines to transport the tiniest pieces. Everyone worked together under Monty's direction.

Just as the sun began to set, the last banana was safely hidden in a secret cave that only Monty and his friends knew about. Exhausted but triumphant, Monty called for a meeting.

"Great job, everyone! We did it!" Monty cheered.

"But what if the humans come back?" asked Squeaky, his eyes wide with worry.

"Don't worry," Monty said with a grin. "I've got a plan for that too."

Monty and his friends spent the night setting up clever traps and surprises around the clearing where the bananas had been. They dug pits, set up nets, and even placed decoy bananas filled with sticky sap.

The next morning, the humans returned, only to find the bananas gone and themselves caught in a series of hilarious traps. One explorer got stuck in a net, another fell into a pit, and a third ended up covered in sticky sap, looking like a walking tree.

Monty and his friends watched from the treetops, stifling their giggles as the humans stumbled and bumbled around. Eventually, the explorers gave up and left the jungle, grumbling about mischievous monkeys.

The jungle animals celebrated their victory with a grand feast, enjoying the bananas they had saved. Monty was hailed as a hero, and his legend grew even bigger. From that day on, Monty and his friends kept a watchful eye on the jungle, ready to protect their home from any threat.

And so, Monty's mischievous spirit and clever thinking kept the jungle safe and full of laughter, proving that even the smallest monkey could make a big difference.

Monty, o Macaco Travesso e o Grande Roubo de Bananas

Era uma vez, no coração da movimentada selva, vivia um pequeno macaco travesso chamado Monty. Monty não era um macaco comum; ele tinha uma imaginação selvagem, uma curiosidade insaciável e um jeito especial para se meter em confusão. Com seus grandes olhos redondos e um sorriso travesso que nunca deixava seu rosto, Monty era adorado por todos os animais da selva, mesmo que frequentemente os deixasse malucos com suas travessuras.

Monty vivia em uma aconchegante casa na copa das árvores que ele mesmo construíra, cheia de toda sorte de aparelhos e tesouros que ele havia colecionado em suas muitas aventuras. Seus melhores amigos eram um sábio papagaio chamado Polly e um esquilo esperto chamado Squeaky. Juntos, formavam um trio inseparável, sempre prontos para diversão e emoção.

Uma ensolarada manhã, enquanto Monty balançava de galho em galho, ele avistou algo que fez seus olhos brilharem de excitação. Ali, no meio do clareira da selva, havia uma gigantesca pilha de bananas, mais do que Monty já tinha visto em toda a sua vida.

"Oh, Polly! Squeaky! Venham rápido!" Monty chamou, incapaz de conter sua animação.

Polly desceu voando de um galho alto, e Squeaky subiu correndo do chão da floresta. Eles encararam a montanha de bananas em admiração.

"De onde vieram todas essas bananas?" perguntou Polly, suas penas se eriçando de curiosidade.

"Eu não sei, mas eu vou descobrir!" declarou Monty determinadamente.

Monty, sendo o macaco curioso que era, decidiu investigar. Ele escalou até o topo da pilha de bananas e olhou ao redor. Ao longe, viu um grupo de humanos montando uma grande tenda. Eram os exploradores da selva que frequentemente visitavam para estudar a vida selvagem.

"Humanos! Eles devem ter trazido essas bananas", ponderou Monty. "Mas por que eles as deixariam aqui?"

Nesse momento, Monty ouviu um dos exploradores falando. "Nós vamos usar essas bananas para atrair os macacos para as nossas armadilhas. Uma vez capturados, vamos levá-los para o zoológico da grande cidade!"

O coração de Monty afundou. Ele não podia deixar seus amigos da selva serem capturados e levados embora. Ele precisava fazer algo, e rápido. Com um brilho determinado nos olhos, Monty elaborou um plano.

"Escutem, equipe", Monty disse para Polly e Squeaky. "Precisamos mover essas bananas para um lugar seguro antes que os humanos voltem. Vamos chamar isso de Grande Roubo de Bananas!"

Polly concordou com um grasnado, e Squeaky tagarelou animadamente. Eles começaram a trabalhar imediatamente. Monty escalou as árvores mais altas e montou uma série de cordas e roldanas, enquanto Polly e Squeaky reuniam todos os animais da selva para ajudar.

A selva ganhou vida com a atividade. Elefantes usaram suas trombas para levantar grandes cachos de bananas, pássaros carregavam os menores em seus bicos, e até as formigas formaram longas filas para transportar os pedaços mais pequenos. Todos trabalharam juntos sob a direção de Monty.

Assim que o sol começou a se pôr, a última banana foi seguramente escondida em uma caverna secreta que apenas Monty e seus amigos conheciam. Exaustos, mas triunfantes, Monty convocou uma reunião.

"Ótimo trabalho, pessoal! Conseguimos!" Monty comemorou.

"Mas e se os humanos voltarem?" perguntou Squeaky, seus olhos arregalados de preocupação.

"Não se preocupem", disse Monty com um sorriso. "Eu tenho um plano para isso também."

Monty e seus amigos passaram a noite montando armadilhas e surpresas espertas ao redor da clareira onde estavam as bananas. Eles cavaram buracos, estenderam redes e até colocaram bananas falsas cheias de seiva pegajosa.

Na manhã seguinte, os humanos voltaram, apenas para encontrar as bananas desaparecidas e eles próprios presos em uma série de armadilhas hilárias. Um explorador ficou preso em uma rede, outro caiu em um buraco, e um terceiro acabou coberto de seiva pegajosa, parecendo uma árvore ambulante.

Monty e seus amigos assistiram das copas das árvores, contendo as risadas enquanto os humanos tropeçavam e cambaleavam. Eventualmente, os exploradores desistiram e deixaram a selva resmungando sobre macacos travessos.

Os animais da selva celebraram sua vitória com um grande banquete, desfrutando das bananas que haviam salvo. Monty foi aclamado como um herói, e sua lenda cresceu ainda mais. A partir desse dia, Monty e seus amigos mantiveram um olhar atento sobre a selva, prontos para proteger seu lar de qualquer ameaça.

E assim, o espírito travesso e o pensamento sagaz de Monty mantiveram a selva segura e cheia de risos, provando que até o menor macaco pode fazer uma grande diferença.

Clive the Clever Crab and the Ocean Adventure

Once upon a time, in the shimmering waters of Coral Cove, there lived a clever crab named Clive. Clive was no ordinary crab; he had a bright red shell, twinkling eyes full of curiosity, and the sharpest pincers in the entire ocean. He loved to explore and often got himself into all sorts of exciting adventures.

Clive lived in a cozy little shell house at the bottom of the cove. His best friends were a playful seahorse named Sally and a wise old turtle named Tilly. They spent their days exploring the underwater world, discovering hidden treasures and making new friends.

One sunny morning, Clive was busy decorating his shell house with shiny seashells when Sally came rushing over, her fins fluttering with excitement.

"Clive! Clive! You won't believe what I found!" she exclaimed.

Clive paused and looked at her with interest. "What is it, Sally?"

"There's a mysterious map stuck in a shipwreck not far from here! It looks like it leads to a hidden treasure!" Sally said, her eyes wide with excitement.

Clive's eyes twinkled with curiosity. He loved a good mystery. "Let's go check it out!" he said eagerly.

They swam over to the shipwreck, and true to Sally's word, there was a tattered old map wedged between the wooden planks. Clive carefully pulled it out with his pincers and unrolled it. The map was old and faded, but they could still make out the drawings of an island and an X marking the spot.

"This looks like an adventure waiting to happen!" Clive declared. "Let's go find Tilly and see if she knows anything about this map."

They found Tilly sunbathing on a warm rock. When she saw the map, she squinted her wise old eyes and nodded slowly.

"I remember hearing stories about a hidden treasure on Coral Island," Tilly said thoughtfully. "But it's said to be guarded by a fierce sea dragon named Drako."

Clive felt a thrill of excitement. A treasure hunt and a dragon! This was going to be the greatest adventure yet.

Determined to find the treasure, Clive, Sally, and Tilly set off on their journey. They followed the map through the winding underwater paths, past colorful coral reefs, and beneath arching rock formations. Along the way, they encountered schools of fish, curious dolphins, and even a friendly octopus who offered them a snack of seaweed sandwiches.

As they neared Coral Island, the water grew darker and colder. They could feel the presence of something powerful and intimidating. Suddenly, out of the shadows, emerged Drako the sea dragon. His scales glistened with an eerie green glow, and his eyes were like glowing embers.

"Who dares to enter my territory?" Drako roared, his voice echoing through the water.

Clive, trying to be brave, stepped forward. "We are searching for the hidden treasure of Coral Island. We mean no harm, mighty Drako."

Drako eyed them suspiciously. "Why should I let you pass? Many have tried and failed before you."

Clive thought quickly. "We don't just want the treasure for ourselves. We want to share it with all the sea creatures of Coral Cove. It could bring joy and prosperity to everyone."

Drako's fierce expression softened slightly. "Very well. I will give you a chance. You must solve three riddles. If you succeed, the treasure is yours. If you fail, you must leave and never return."

Clive, Sally, and Tilly nodded in agreement. They were ready for the challenge.

Drako's first riddle was, "I have cities but no houses, forests but no trees, and rivers but no water. What am I?"

Clive thought hard and then his eyes lit up. "A map! The answer is a map!"

Drako nodded approvingly. "Correct. Here is the second riddle: I speak without a mouth and hear without ears. I have no body, but I come alive with wind. What am I?"

Sally whispered excitedly, "I know this one! It's an echo!"

Drako gave a grudging nod. "Very good. The final riddle: I can fly without wings. I can cry without eyes. Wherever I go, darkness flies. What am I?"

Tilly, with her years of wisdom, smiled and said, "A cloud."

Drako sighed and then smiled. "You have answered all my riddles correctly. The treasure is yours."

He led them to a hidden cave at the base of Coral Island. Inside, they found a chest filled with sparkling jewels, gold coins, and beautiful pearls. But the greatest treasure of all was a magical conch shell that, when blown, could summon a gentle rain to nourish the ocean plants and bring joy to all the sea creatures.

Clive, Sally, and Tilly shared the treasure with everyone in Coral Cove. The conch shell became a symbol of unity and happiness, and the cove flourished like never before.

From that day on, Clive was known as the cleverest crab in the ocean, and his adventures became legendary. He, Sally, and Tilly continued to explore and protect their underwater world, knowing that the greatest treasures were the friendships and memories they created along the way.

Clive, o Caranguejo Esperto e a Aventura no Oceano

Era uma vez, nas águas cintilantes da Enseada do Coral, vivia um caranguejo muito esperto chamado Clive. Clive não era um caranguejo comum; ele tinha uma carapaça vermelha brilhante, olhos cintilantes cheios de curiosidade e as pinças mais afiadas de todo o oceano. Ele adorava explorar e frequentemente se metia em todo tipo de aventuras emocionantes.

Clive morava em uma aconchegante casinha de concha no fundo da enseada. Seus melhores amigos eram um cavalo-marinho brincalhão chamado Sally e uma sábia tartaruga idosa chamada Tilly. Eles passavam os dias explorando o mundo subaquático, descobrindo tesouros escondidos e fazendo novos amigos.

Em uma ensolarada manhã, enquanto Clive estava ocupado decorando sua casinha de concha com conchas brilhantes, Sally veio correndo, suas nadadeiras tremulando de excitação.

"Clive! Clive! Você não vai acreditar no que eu encontrei!" ela exclamou.

Clive pausou e olhou para ela com interesse. "O que é, Sally?"

"Há um mapa misterioso preso em um naufrágio não muito longe daqui! Parece que ele leva a um tesouro escondido!" disse Sally, seus olhos arregalados de emoção.

Os olhos de Clive cintilaram de curiosidade. Ele adorava um bom mistério. "Vamos verificar!" disse ele, ansioso.

Eles nadaram até o naufrágio, e conforme as palavras de Sally, havia um velho mapa rasgado entre as tábuas de madeira. Clive cuidadosamente o retirou com suas pinças e o desenrolou. O mapa era antigo e desbotado, mas eles ainda conseguiam distinguir os desenhos de uma ilha e um X marcando o local.

"Isto parece uma aventura esperando para acontecer!" declarou Clive. "Vamos encontrar Tilly e ver se ela sabe algo sobre este mapa."

Eles encontraram Tilly tomando sol em uma rocha quente. Quando ela viu o mapa, franziu os olhos sábios e assentiu lentamente.

"Lembro-me de ouvir histórias sobre um tesouro escondido na Ilha Coral", disse Tilly pensativamente. "Mas dizem que é guardado por um feroz dragão marinho chamado Drako."

Clive sentiu um arrepio de excitação. Uma caça ao tesouro e um dragão! Isso seria a maior aventura até então.

Determinados a encontrar o tesouro, Clive, Sally e Tilly partiram em sua jornada. Eles seguiram o mapa pelos caminhos sinuosos subaquáticos, passando por recifes de coral coloridos e sob formações rochosas arqueadas. No caminho, encontraram cardumes de peixes, golfinhos curiosos e até um polvo amigável que lhes ofereceu um lanche de sanduíches de algas marinhas.

À medida que se aproximavam da Ilha Coral, a água se tornou mais escura e fria. Eles podiam sentir a presença de algo poderoso e intimidador. De repente, das sombras, surgiu Drako, o dragão marinho. Suas escamas cintilavam com um brilho verde sinistro, e seus olhos eram como brasas ardentes.

"Quem ousa entrar em meu território?" rugiu Drako, sua voz ecoando pela água.

Clive, tentando ser corajoso, deu um passo à frente. "Estamos procurando pelo tesouro escondido da Ilha Coral. Não queremos causar mal, poderoso Drako."

Drako os observou desconfiado. "Por que eu deveria deixar vocês passarem? Muitos tentaram e falharam antes de vocês."

Clive pensou rapidamente. "Não queremos o tesouro apenas para nós. Queremos compartilhá-lo com todos os seres marinhos da Enseada do Coral. Isso poderia trazer alegria e prosperidade para todos."

A expressão feroz de Drako suavizou um pouco. "Muito bem. Eu lhes darei uma chance. Vocês devem resolver três charadas. Se conseguirem, o tesouro é de vocês. Se falharem, devem partir e nunca mais voltar."

Clive, Sally e Tilly assentiram em concordância. Estavam prontos para o desafio.

A primeira charada de Drako foi: "Eu tenho cidades sem casas, florestas sem árvores e rios sem água. O que sou eu?"

Clive pensou profundamente e então seus olhos se iluminaram. "Um mapa! A resposta é um mapa!"

Drako assentiu aprovadoramente. "Correto. Aqui está a segunda charada: Eu falo sem boca e ouço sem ouvidos. Não tenho corpo, mas ganho vida com o vento. O que sou eu?"

Sally sussurrou animadamente, "Eu sei essa! É um eco!"

Drako deu um aceno relutante. "Muito bem. A última charada: Eu posso voar sem asas. Posso chorar sem olhos. Onde quer que eu vá, a escuridão voa. O que sou eu?"

Tilly, com seus anos de sabedoria, sorriu e disse, "Uma nuvem."

Drako suspirou e então sorriu. "Vocês responderam todas as minhas charadas corretamente. O tesouro é de vocês."

Ele os levou até uma caverna escondida na base da Ilha Coral. Lá dentro, encontraram um baú cheio de jóias cintilantes, moedas de ouro e belas pérolas. Mas o maior tesouro de todos era uma concha mágica que, quando soprada, podia invocar uma chuva suave para nutrir as plantas do oceano e trazer alegria a todos os seres marinhos.

Clive, Sally e Tilly compartilharam o tesouro com todos na Enseada do Coral. A concha mágica se tornou um símbolo de união e felicidade, e a enseada floresceu como nunca antes.

A partir desse dia, Clive foi conhecido como o caranguejo mais esperto do oceano, e suas aventuras se tornaram lendárias. Ele, Sally e Tilly continuaram a explorar e proteger seu mundo subaquático, sabendo que os maiores tesouros eram as amizades e memórias que criaram ao longo do caminho.

Gerald the Gentle Giant and the Secret of Willow Wood

Once upon a time, in the enchanting village of Willow Wood, lived a giant named Gerald. Gerald was not like the giants in fairy tales who were mean and grumpy; he was kind, gentle, and always ready to lend a helping hand. With his towering height and broad smile, he was a beloved member of the village, despite being ten times taller than the tallest man there.

Gerald lived in a cozy house at the edge of the village, built to his enormous size by the grateful villagers. His best friends were a clever little girl named Lily, a mischievous squirrel named Nutty, and an old, wise owl named Oliver. Together, they embarked on many adventures, but none as exciting as the one that began on a bright spring morning.

One day, while Gerald was tending his giant vegetable garden, he heard a faint cry for help. It was Lily, running towards him with Nutty scampering along her shoulders.

"Gerald! Gerald!" she called out, breathless. "Something terrible has happened in the village!"

"What's the matter, Lily?" Gerald asked, his deep voice filled with concern.

"The village well has dried up, and there's no water for anyone! The villagers are scared and don't know what to do," Lily explained, her eyes wide with worry.

Gerald's heart sank. He knew how important the well was for the village. Without it, the crops would wither, and the villagers would suffer.

"Don't worry, Lily," Gerald said reassuringly. "We'll find a way to help the village. Let's gather everyone and come up with a plan."

Oliver, perched on a high branch, hooted in agreement. "It sounds like a mystery that needs solving," he said wisely.

Gerald, Lily, Nutty, and Oliver hurried to the village square, where the villagers had gathered, their faces etched with worry. Gerald towered above them but spoke gently.

"Friends, we must stay calm. We'll figure out what happened to the well and find a solution together," he said.

An old man named Mr. Thompkins, who had lived in Willow Wood all his life, stepped forward. "I've heard tales of an underground river that flows beneath the village. Maybe it's blocked somehow," he suggested.

"That's a good lead," Oliver said, fluttering his wings. "We should investigate the source of the well."

With a plan in mind, Gerald and his friends set off towards the well. Gerald lifted the heavy stone cover with ease, revealing the dry, empty well shaft. Nutty, being small and nimble, volunteered to climb down and take a closer look.

"Be careful, Nutty!" Lily called after him as he disappeared into the darkness.

After a few minutes, Nutty's voice echoed up the shaft. "I see something! There's a big rock blocking the water flow!"

Gerald's eyes widened. "We need to remove that rock. But it's too deep for me to reach. We need a clever way to get it out."

Lily's face lit up with an idea. "What if we use a pulley system? We can lower a rope down, tie it around the rock, and then Gerald can pull it up!"

"That's a brilliant idea, Lily!" Oliver hooted approvingly. "Let's get to work."

The villagers quickly gathered ropes and constructed a makeshift pulley system. Gerald carefully lowered the rope into the well, guided by Nutty. Once the rope was secure around the rock, Gerald used his immense strength to pull it up, inch by inch. The villagers cheered as the rock finally emerged from the well.

Water started to bubble up from the well, slowly at first, then faster, until it flowed freely once more. The villagers rejoiced, their fears washed away with the fresh, clear water.

"Thank you, Gerald! Thank you, everyone!" Mr. Thompkins said, his voice filled with gratitude.

Gerald smiled, feeling a warm glow of happiness. "We did it together. That's the true strength of Willow Wood."

But their adventure didn't end there. As the water continued to flow, Oliver noticed something unusual. "Look! The water is sparkling in a strange way. It's as if it's... magical."

Curious, Gerald dipped his enormous hand into the well and took a sip of the water. Instantly, he felt a surge of energy and joy. "This isn't just ordinary water. It's magical indeed!"

The news spread quickly, and soon everyone in Willow Wood was drinking the magical water. It not only quenched their thirst but also made their crops grow faster and their flowers bloom brighter. The village thrived like never before, thanks to the magical water.

One evening, as the sun set over the village, Oliver gathered everyone in the square. "There's more to this magic," he began. "Legend has it that the water can reveal the secret of Willow Wood."

"What secret?" Lily asked, her eyes wide with wonder.

"The legend speaks of an ancient treasure hidden deep in the forest, guarded by the spirit of the woods. The water will guide us to it," Oliver explained.

Excitement buzzed through the crowd. Gerald, Lily, Nutty, and Oliver decided to embark on this new adventure at dawn. The villagers wished them luck, eager to discover the secret of Willow Wood.

As the first light of day filtered through the trees, the four friends set off into the forest, following the sparkling water's trail. They walked for hours, deeper into the woods than they had ever gone before. Finally, they reached a clearing where a magnificent old tree stood, its branches stretching high into the sky.

"This must be the tree," Oliver said, his voice filled with awe. "The spirit of the woods resides here."

Gerald approached the tree and gently placed his hand on its trunk. To everyone's amazement, the tree began to glow, and a soft, melodious voice filled the air.

"Welcome, friends of Willow Wood," the spirit said. "You have shown kindness, bravery, and unity. These are the true treasures of the forest."

The ground beneath the tree shifted, revealing a hidden chamber filled with golden light. Inside, they found an array of beautiful artifacts, ancient scrolls, and a chest overflowing with precious gems.

"This treasure is a gift to the village," the spirit continued. "But remember, the greatest treasures are the values you hold dear."

Gerald, Lily, Nutty, and Oliver carefully carried the treasures back to Willow Wood, where they were greeted with cheers and celebration. The artifacts were displayed in a special hall, and the scrolls shared the wisdom of the past with future generations.

Thanks to the magical water and the hidden treasures, Willow Wood flourished like never before. But more importantly, the villagers learned the true value of kindness, bravery, and unity. Gerald continued to be their gentle giant, always ready to help and protect his beloved village.

And so, in the heart of the enchanting Willow Wood, Gerald and his friends lived happily, knowing that their greatest adventure was the journey of discovering the true treasures within themselves.

Gerald, o Gigante Gentil e o Segredo de Willow Wood

Era uma vez, na encantadora vila de Willow Wood, vivia um gigante chamado Gerald. Gerald não era como os gigantes dos contos de fadas, que eram malvados e rabugentos; ele era bondoso, gentil e sempre pronto para ajudar. Com sua altura imponente e um largo sorriso, ele era um membro querido da vila, mesmo sendo dez vezes mais alto que o homem mais alto lá.

Gerald vivia em uma casa aconchegante na borda da vila, construída em seu tamanho enorme pelos gratos habitantes. Seus melhores amigos eram uma esperta menina chamada Lily, um esquilo travesso chamado Nutty e uma coruja sábia chamada Oliver. Juntos, eles embarcavam em muitas aventuras, mas nenhuma tão emocionante quanto aquela que começou em uma brilhante manhã de primavera.

Um dia, enquanto Gerald cuidava de seu gigantesco jardim de vegetais, ele ouviu um fraco grito de socorro. Era Lily, correndo em sua direção com Nutty escalando em seus ombros.

"Gerald! Gerald!" ela chamou, sem fôlego. "Aconteceu algo terrível na vila!"

"O que houve, Lily?" perguntou Gerald, sua voz profunda cheia de preocupação.

"O poço da vila secou, e não há água para ninguém! Os moradores estão assustados e não sabem o que fazer," explicou Lily, seus olhos arregalados de preocupação.

O coração de Gerald afundou. Ele sabia o quão importante o poço era para a vila. Sem ele, as colheitas murchariam, e os moradores sofreriam.

"Não se preocupe, Lily," disse Gerald tranquilamente. "Vamos encontrar uma maneira de ajudar a vila. Vamos reunir todos e elaborar um plano."

Oliver, empoleirado em um galho alto, concordou com um "hu-hu" sábio. "Parece um mistério que precisa ser resolvido," disse ele sabiamente.

Gerald, Lily, Nutty e Oliver se apressaram até a praça da vila, onde os moradores se reuniram, com o rosto marcado pela preocupação. Gerald se erguia sobre eles, mas falava suavemente.

"Amigos, devemos manter a calma. Vamos descobrir o que aconteceu com o poço e encontrar uma solução juntos," disse ele.

Um velho chamado Sr. Thompkins, que havia vivido em Willow Wood toda a sua vida, deu um passo à frente. "Eu ouvi histórias sobre um rio subterrâneo que passa sob a vila. Talvez esteja bloqueado de alguma forma," sugeriu ele.

"Isso é uma boa pista," disse Oliver, batendo suas asas. "Devemos investigar a fonte do poço."

Com um plano em mente, Gerald e seus amigos partiram em direção ao poço. Gerald levantou facilmente a pesada tampa de pedra, revelando o poço seco e vazio. Nutty, sendo pequeno e ágil, se voluntariou para descer e dar uma olhada mais de perto.

"Tenha cuidado, Nutty!" chamou Lily enquanto ele desaparecia na escuridão.

Depois de alguns minutos, a voz de Nutty ecoou pelo poço. "Eu vejo algo! Há uma grande pedra bloqueando o fluxo de água!"

Os olhos de Gerald se arregalaram. "Precisamos remover essa pedra. Mas é muito profundo para eu alcançar. Precisamos de uma maneira inteligente de tirá-la."

O rosto de Lily se iluminou com uma ideia. "E se usarmos um sistema de polia? Podemos abaixar uma corda, amarrá-la ao redor da pedra e então Gerald pode puxá-la!"

"Isso é uma ideia brilhante, Lily!" Oliver assentiu com um "hu-hu" de aprovação. "Vamos começar."

Os moradores rapidamente reuniram cordas e construíram um sistema de polia improvisado. Gerald abaixou cuidadosamente a corda no poço, guiado por Nutty. Assim que a corda ficou segura ao redor da pedra, Gerald usou sua imensa força para puxá-la para cima, centímetro por centímetro. Os moradores aplaudiram quando a pedra finalmente emergiu do poço.

Água começou a borbulhar do poço, lentamente a princípio e depois mais rápido, até fluir livremente mais uma vez. Os moradores comemoraram, seus medos lavados pela água fresca e clara.

“Obrigado, Gerald! Obrigado a todos!” disse Sr. Thompkins, sua voz cheia de gratidão.

Gerald sorriu, sentindo um calor de felicidade. “Nós conseguimos juntos. Esse é o verdadeiro poder de Willow Wood.”

Mas a aventura deles não terminou ali. Enquanto a água continuava a fluir, Oliver notou algo incomum. “Olhem! A água está brilhando de um jeito estranho. É como se fosse... mágica.”

Curioso, Gerald mergulhou sua enorme mão no poço e tomou um gole da água. Instantaneamente, ele sentiu uma onda de energia e alegria. “Isso não é apenas água comum. É realmente mágica!”

A notícia se espalhou rapidamente, e logo todos em Willow Wood estavam bebendo da água mágica. Não só saciava a sede deles, mas também fazia suas colheitas crescerem mais rápido e suas flores florescerem mais brilhantemente. A vila prosperou como nunca antes, graças à água mágica.

Uma noite, enquanto o sol se punha sobre a vila, Oliver reuniu todos na praça. “Há mais desta magia,” ele começou. “A lenda diz que a água pode revelar o segredo de Willow Wood.”

“Que segredo?” perguntou Lily, seus olhos arregalados de admiração.

“A lenda fala de um tesouro antigo escondido profundamente na floresta, guardado pelo espírito das matas. A água nos guiará até ele,” explicou Oliver.

A excitação se espalhou pela multidão. Gerald, Lily, Nutty e Oliver decidiram partir nesta nova aventura ao amanhecer. Os moradores desejaram sorte, ansiosos para descobrir o segredo de Willow Wood.

Quando a primeira luz do dia filtrou entre as árvores, os quatro amigos partiram para a floresta, seguindo o rastro cintilante da água. Caminharam por horas, mais fundo na floresta do que nunca haviam ido antes. Finalmente, chegaram a uma clareira onde um magnífico velho carvalho se erguia, seus galhos se estendendo alto no céu.

"Deve ser este o carvalho," disse Oliver, sua voz cheia de admiração. "O espírito das matas reside aqui."

Gerald se aproximou da árvore e gentilmente colocou sua mão no tronco. Para espanto de todos, o carvalho começou a brilhar, e uma voz suave e melodiosa encheu o ar.

"Bem-vindos, amigos de Willow Wood," disse o espírito. "Vocês demonstraram bondade, coragem e união. Estes são os verdadeiros tesouros da floresta."

O chão sob o carvalho se moveu, revelando uma câmara escondida cheia de luz dourada. Dentro, encontraram uma variedade de belos artefatos, pergaminhos antigos e um baú transbordando de gemas preciosas.

"Este tesouro é um presente para a vila," continuou o espírito. "Mas lembrem-se, os maiores tesouros são os valores que vocês prezam."

Gerald, Lily, Nutty e Oliver cuidadosamente levaram os tesouros de volta para Willow Wood, onde foram recebidos com aplausos e celebração. Os artefatos foram exibidos em um salão especial, e os pergaminhos compartilharam a sabedoria do passado com as gerações futuras.

Graças à água mágica e aos tesouros escondidos, Willow Wood floresceu como nunca antes. Mas o mais importante é que os aldeões aprenderam o verdadeiro valor da bondade, da coragem e da união. Gerald continuou a ser o gigante gentil, sempre pronto para ajudar e proteger sua amada vila.

E assim, no coração do encantador Willow Wood, Gerald e seus amigos viveram felizes, sabendo que sua maior aventura era a jornada de descoberta dos verdadeiros tesouros dentro de si.

Buzzby the Brave Bee and the Mysterious Garden

In a bright and bustling hive deep in the heart of Honeydew Meadow, lived a brave little bee named Buzzby. Buzzby was unlike any other bee in the hive. While his friends were content to buzz around gathering nectar from nearby flowers, Buzzby had a thirst for adventure and a heart full of courage. His curious nature often led him to the most unexpected places.

Buzzby lived in a tiny waxy apartment with his family. His best friends were a shy ladybird named Lucy, a cheeky grasshopper named Jiminy, and an old, wise beetle named Beauregard. They spent their days exploring Honeydew Meadow, always looking for something new and exciting.

One sunny morning, as Buzzby was buzzing around the meadow, he spotted something unusual on the horizon. It was a garden, but not just any garden. This garden was bursting with the most vibrant and colorful flowers Buzzby had ever seen. The flowers seemed to glow with an otherworldly light, and the scent they emitted was irresistible.

Buzzby's antennae twitched with excitement. "I must explore that garden!" he thought to himself. Without a moment's hesitation, he flew back to the hive to gather his friends.

"Lucy, Jiminy, Beauregard, come quick!" Buzzby called out. "I've discovered a magical garden full of the most beautiful flowers. We have to check it out!"

Lucy, with her delicate wings fluttering, looked intrigued but hesitant. "A magical garden? Are you sure it's safe, Buzzby?"

Jiminy, always up for an adventure, chirped excitedly. "It sounds amazing! Let's go!"

Beauregard, with his wise old eyes, nodded thoughtfully. "A magical garden, you say? It's worth investigating. But we must be cautious."

With his friends by his side, Buzzby led the way to the mysterious garden. As they approached, the garden's beauty took their breath away. Flowers of every shape and color imaginable swayed gently in the breeze, and a soft, melodic hum filled the air.

"Wow, it's even more beautiful up close," Lucy whispered, her eyes wide with wonder.

Buzzby, his wings buzzing with excitement, flew towards the nearest flower. But as he reached out to land on a petal, a sudden gust of wind blew him backwards. He tumbled through the air, barely managing to regain his balance.

"Are you okay, Buzzby?" Jiminy asked, hopping over to his friend.

Buzzby shook his head, dazed but unhurt. "I'm fine. But it looks like this garden has some kind of magical barrier. We need to figure out how to get inside."

Beauregard, always the thinker, examined the garden carefully. "There must be a way in. Magic often has a purpose, and we need to find the key."

As they pondered their next move, a tiny, shimmering fairy appeared before them. She had delicate wings and a mischievous smile.

"Hello, little adventurers," the fairy said. "I'm Flora, the guardian of this magical garden. What brings you here?"

Buzzby, his curiosity piqued, spoke up. "We were drawn by the beauty of your garden. We're explorers, and we'd love to learn more about it."

Flora's eyes twinkled with amusement. "This garden is indeed magical. It's a sanctuary for all the rare and magical flowers in Honeydew Meadow. But it's protected by a barrier to keep it safe from harm. Only those who prove themselves worthy can enter."

"And how do we prove ourselves worthy?" Lucy asked, her antennae twitching with curiosity.

Flora smiled mysteriously. "You must complete three challenges. Each challenge will test your courage, wisdom, and kindness. Only then will the barrier be lifted."

Buzzby's eyes gleamed with determination. "We're ready. What's the first challenge?"

Flora waved her hand, and a path appeared before them, leading deeper into the garden. "Follow the path and you will find the first challenge. Good luck, little friends."

With hearts pounding in anticipation, Buzzby and his friends followed the path. They soon came to a clearing where a large, shimmering spider web stretched between two trees. In the center of the web sat a giant, friendly-looking spider named Silky.

"Welcome, challengers," Silky said, her voice soft and soothing. "Your first challenge is to navigate my web without getting stuck. It will test your agility and courage."

Buzzby, always up for a challenge, volunteered to go first. He took a deep breath and flew towards the web, carefully weaving through the intricate strands. With each movement, he felt his confidence grow. Finally, he reached the other side, unharmed.

"Great job, Buzzby!" Lucy cheered. Encouraged by Buzzby's success, Lucy, Jiminy, and Beauregard followed suit, each successfully navigating the web.

Silky clapped her legs in applause. "Well done! You have passed the first challenge. Continue on the path for your next test."

Buzzby and his friends pressed on, eager to face the next challenge. They soon arrived at a crystal-clear pond, where a wise old frog named Croaky awaited them.

"Greetings, young ones," Croaky croaked. "Your second challenge is to solve a riddle. It will test your wisdom and teamwork."

Buzzby listened intently as Croaky recited the riddle:

"I speak without a mouth and hear without ears. I have no body, but I come alive with wind. What am I?"

The friends huddled together, thinking hard. Lucy was the first to speak. "I think it's an echo. It fits all the clues."

Buzzby and the others agreed. "An echo!" they chorused.

Croaky smiled warmly. "That's correct! You have shown great wisdom and teamwork. Proceed to your final challenge."

As they continued along the path, the air grew warmer and filled with the sweet scent of flowers. They reached a lush meadow where a beautiful butterfly named Belle was waiting.

"Welcome, brave souls," Belle said, her wings glistening in the sunlight. "Your final challenge is to help a friend in need. It will test your kindness and compassion."

Belle gestured to a small, wilted flower nearby. "This flower is dying from lack of sunlight. It's up to you to find a way to save it."

Buzzby, Lucy, Jiminy, and Beauregard put their heads together. After a moment of thought, Buzzby had an idea.

"If we move some of the taller flowers, we can let more sunlight reach this little one," he suggested.

Working together, they gently shifted the taller flowers aside, allowing the sunlight to bathe the wilting flower. Slowly, the flower began to perk up, its petals opening in gratitude.

Belle fluttered her wings in delight. "You have shown true kindness and compassion. You have passed the final challenge."

With the challenges completed, Flora appeared once more, her smile radiant. "You have proven yourselves worthy, little adventurers. The barrier is lifted. Welcome to the magical garden."

As they entered the garden, Buzzby and his friends were filled with awe and wonder. The flowers seemed to dance in the breeze, and the air was alive with the hum of magic. They spent the rest of the day exploring, learning about the rare and magical flowers, and making new friends.

When it was time to leave, Flora presented Buzzby with a special gift—a golden pollen pouch. "This pollen has magical properties," she explained. "Use it wisely to help your hive and spread the magic of this garden."

Buzzby accepted the gift with gratitude. "Thank you, Flora. We will always cherish this adventure."

Back at the hive, Buzzby and his friends shared their incredible tale with the other bees. The magical pollen brought prosperity to the hive, making the flowers in Honeydew Meadow bloom brighter than ever.

And so, Buzzby the brave bee, along with Lucy, Jiminy, and Beauregard, continued to explore the wonders of their world, knowing that courage, wisdom, and kindness were the true magic that bound them together.

Buzzby, a Abelha Corajosa e o Jardim Misterioso

Em uma colmeia brilhante e agitada no coração da Pradaria do Melão, vivia uma pequena abelha corajosa chamada Buzzby. Buzzby era diferente de qualquer outra abelha na colmeia. Enquanto seus amigos estavam contentes em zumbir ao redor coletando néctar das flores próximas, Buzzby tinha uma sede por aventura e um coração cheio de coragem. Sua natureza curiosa frequentemente o levava aos lugares mais inesperados.

Buzzby vivia em um pequeno apartamento de cera com sua família. Seus melhores amigos eram uma joaninha tímida chamada Lucy, um gafanhoto levado chamado Jiminy, e um besouro velho e sábio chamado Beauregard. Eles passavam seus dias explorando a Pradaria do Melão, sempre em busca de algo novo e emocionante.

Uma ensolarada manhã, enquanto Buzzby voava pela pradaria, ele avistou algo incomum no horizonte. Era um jardim, mas não apenas qualquer jardim. Este jardim transbordava com as flores mais vibrantes e coloridas que Buzzby já tinha visto. As flores pareciam brilhar com uma luz de outro mundo, e o perfume que exalavam era irresistível.

As antenas de Buzzby tremularam de excitação. "Eu preciso explorar aquele jardim!" pensou consigo mesmo. Sem hesitar um momento sequer, ele voou de volta para a colmeia para chamar seus amigos.

"Lucy, Jiminy, Beauregard, venham rápido!" Buzzby chamou. "Descobri um jardim mágico cheio das flores mais lindas. Nós temos que conferir!"

Lucy, com suas delicadas asas tremulando, parecia intrigada mas hesitante. "Um jardim mágico? Você tem certeza que é seguro, Buzzby?"

Jiminy, sempre pronto para uma aventura, piou animadamente. "Isso parece incrível! Vamos!"

Beauregard, com seus sábios olhos velhos, assentiu pensativamente. "Um jardim mágico, você diz? Vale a pena investigar. Mas devemos ser cautelosos."

Com seus amigos ao seu lado, Buzzby liderou o caminho até o jardim misterioso. À medida que se aproximavam, a beleza do jardim tirava o fôlego deles. Flores de todas as formas e cores imagináveis balançavam suavemente na brisa, e um zumbido suave e melódico enchia o ar.

"Uau, é ainda mais bonito de perto," sussurrou Lucy, seus olhos arregalados de admiração.

Buzzby, suas asas zumbindo de excitação, voou em direção à flor mais próxima. Mas quando ele estendeu para pousar numa pétala, uma rajada de vento repentino o jogou para trás. Ele cambaleou pelo ar, mal conseguindo recuperar o equilíbrio.

"Você está bem, Buzzby?" Jiminy perguntou, saltitando até seu amigo.

Buzzby balançou a cabeça, atordoado mas ileso. "Estou bem. Mas parece que este jardim tem algum tipo de barreira mágica. Precisamos descobrir como entrar."

Beauregard, sempre o pensador, examinou o jardim cuidadosamente. "Deve haver um jeito de entrar. A magia frequentemente tem um propósito, e precisamos encontrar a chave."

Enquanto ponderavam seu próximo movimento, uma fada pequenina e cintilante apareceu diante deles. Ela tinha asas delicadas e um sorriso travesso.

"Olá, pequenos aventureiros," disse a fada. "Eu sou Flora, a guardiã deste jardim mágico. O que os traz aqui?"

Buzzby, com sua curiosidade despertada, tomou a frente. "Fomos atraídos pela beleza do seu jardim. Somos exploradores, e adoraríamos aprender mais sobre ele."

Os olhos de Flora brilharam com diversão. "Este jardim é realmente mágico. É um santuário para todas as flores raras e mágicas da Pradaria do Melão. Mas ele é protegido por uma barreira para mantê-lo seguro de qualquer mal. Apenas aqueles que se mostram dignos podem entrar."

"E como nós provamos nossa dignidade?" Lucy perguntou, suas antenas tremulando de curiosidade.

Flora sorriu misteriosamente. "Vocês devem completar três desafios. Cada desafio testará sua coragem, sabedoria e bondade. Somente então a barreira será levantada."

Os olhos de Buzzby brilharam com determinação. "Estamos prontos. Qual é o primeiro desafio?"

Flora acenou com a mão, e um caminho apareceu diante deles, levando mais fundo para dentro do jardim. "Sigam o caminho e encontrarão o primeiro desafio. Boa sorte, pequenos amigos."

Com o coração batendo de antecipação, Buzzby e seus amigos seguiram o caminho. Logo chegaram a um clareira onde uma grande teia de aranha cintilante se estendia entre duas árvores. No centro da teia estava uma aranha gigante de aparência amigável chamada Silky.

"Sejam bem-vindos, desafiantes," disse Silky, sua voz suave e reconfortante. "Seu primeiro desafio é navegar pela minha teia sem ficar preso. Isso testará sua agilidade e coragem."

Buzzby, sempre pronto para um desafio, se voluntariou para ir primeiro. Ele respirou fundo e voou em direção à teia, tecendo cuidadosamente através dos fios intricados. A cada movimento, ele sentia sua confiança crescer. Finalmente, ele alcançou o outro lado, ileso.

"Ótimo trabalho, Buzzby!" Lucy aplaudiu. Encorajados pelo sucesso de Buzzby, Lucy, Jiminy e Beauregard seguiram o exemplo, cada um navegando com sucesso pela teia.

Silky aplaudiu com suas patas. "Bem feito! Vocês passaram pelo primeiro desafio. Continuem pelo caminho para o próximo teste."

Buzzby e seus amigos seguiram em frente, ansiosos para enfrentar o próximo desafio. Logo chegaram a um lago cristalino, onde um sábio sapo velho chamado Croaky os aguardava.

"Saudações, jovens," Croaky coaxou. "Seu segundo desafio é resolver um enigma. Isso testará sua sabedoria e trabalho em equipe."

Buzzby escutou atentamente enquanto Croaky recitava o enigma:

"Eu falo sem boca e ouço sem ouvidos. Não tenho corpo, mas ganho vida com o vento. O que sou eu?"

Os amigos se reuniram, pensando profundamente. Lucy foi a primeira a falar. "Eu acho que é um eco. Se encaixa em todas as pistas."

Buzzby e os outros concordaram. "Um eco!" eles disseram em coro.

Croaky sorriu calorosamente. "Isso está correto! Vocês mostraram grande sabedoria e trabalho em equipe. Prossigam para o seu desafio final."

Enquanto continuavam pelo caminho, o ar ficou mais quente e cheio do doce perfume das flores. Eles chegaram a uma pradaria exuberante onde uma bela borboleta chamada Belle os esperava.

"Bem-vindos, almas corajosas," disse Belle, suas asas reluzindo ao sol. "Seu desafio final é ajudar um amigo em necessidade. Isso testará sua bondade e compaixão."

Belle indicou uma pequena flor murcha nas proximidades. "Esta flor está morrendo por falta de luz solar. Depende de vocês encontrar uma maneira de salvá-la."

Buzzby, Lucy, Jiminy e Beauregard juntaram suas cabeças. Depois de um momento de reflexão, Buzzby teve uma ideia.

"Se movemos algumas das flores mais altas, podemos deixar mais luz solar alcançar essa flor pequena," sugeriu ele.

Trabalhando juntos, eles gentilmente deslocaram as flores mais altas para o lado, permitindo que a luz solar banhasse a flor murcha. Lentamente, a flor começou a se animar, suas pétalas se abrindo em gratidão.